ARNILL,

OU

LE PRISONNIER AMÉRICAIN,

COMÉDIE EN PROSE, EN UN ACTE,

Paroles de MARSOLIER,

Musique de DALAYRAC.

Représentée sur le Théâtre de la rue Favart.

A PARIS, chez BARBA, Libraire, au Magasin de Pièces de Théâtre, rue Saint-André-des-Arts, n° 27.

1797.

PERSONNAGES.	ACTEURS.
ARNILL, jeune Américain, chaud partisan de la liberté.	Le Citoyen Michu.
Mad. ARNILL, sa mère.	La citoyenne Philippe.
M. WORTHY, Ministre protestant, ami d'Arnill, et de sa famille.	Le cit. Sollier.
PIERRE, Américain, ét géolier de la prison.	Le cit. Chenard.
Un Porte-clef Américain.	
GEORGES, fils de Pierre.	
NICE, orpheline, adoptée par Pierre.	La cit. Sérigny. La cit. Jenni
LE MAÇON.	Le cit. Paulin.
Un Sergent Anglais.	
Soldats Anglais.	
Peuple.	

La Scène est à Charles-Town, dans un fort sur le bord de la mer, dans le temps où l'Amérique, lassée du joug de l'Angleterre, commença à le secouer.

ARNILL,

OU

LE PRISONNIER AMÉRICAIN.

Le Théâtre représente l'intérieur de la chambre d'une tour meublée honnêtement. Elle est censée placée dans l'endroit le plus élevé de la tour, c'est-à-dire sous le toit. Il y a plusieurs fenêtres très-grandes et très-hautes, qu'on a fermées intérieurement et extérieurement avec des grilles de fer. On voit aussi une antique cheminée, des chaises, un grand bureau auprès de la cheminée. De la musique, des livres, des dessins, un lit dans une pièce sur le côté opposé à la fenêtre, et qui est fermée par une porte vitrée, qui laisse appercevoir Arnill endormi.

SCÈNE PREMIÈRE.

PIERRE, geolier, UN PORTE-CLEF.

PIERRE regardant dans le cabinet où est Arnill.

IL repose encore !

LE PORTE-CLEF.

Je l'avais pourtant entendu parler, et je venais faire sa chambre.

PIERRE.

Eh bien, tu la feras dans un autre moment.

LE PORTE-CLEF.

Mais, cependant.....

PIERRE.

Tu vois bien que tu le réveillerais

LE PORTE-CLEF.

Vous qui êtes le geolier, vous savez que quand c'est l'heure...

PIERRE.

Je sais qu'il n'y a point d'heures où l'on soit en droit de troubler le sommeil d'un malheureux qui repose. Il rêve peut-être qu'il est libre... qu'il est près de sa mère... et nous aurions la cruauté...

LE PORTE-CLEF, *avec humeur.*

Avec tout cela on ne fait pas sa besogne.

PIERRE.

Non ; mais on fait une action honnête, et cela vaut mieux.

LE PORTE-CLEF.

Tout cela est bel et bon. Mais à quoi que ça lui servira, voyons ? il n'en sera pas moins...

(Il fait signe qu'on lui coupera la tête.)

PIERRE, *étonné.*

Que veux-tu dire ?

LE PORTE-CLEF.

Ma foi, si ce qu'on lui reproche est prouvé...

PIERRE, *lui mettant la main sur la bouche.*

Silence !

LE PORTE-CLEF.

C'est donc vrai ?

PIERRE.

Je le crains.

LE PORTE-CLEF.

Alors, ma foi, son affaire sera bientôt faite.

PIERRE.

Plus bas, te dis-je.

LE PORTE-CLEF.

C'est bien imprudent aussi à lui, convenez-en, d'aller parler de liberté, de réformes dans un moment où presque toute l'Amérique.....

PIERRE, *soupirant.*

Un jeune homme si bon, si aimable ! rempli de talens, de courage... et qui n'a pas vingt-deux ans ?

LE PORTE-CLEF, *sans écouter.*

V'la son pain..... v'la son eau.....

COMÉDIE.

PIERRE, *avec indignation.*

Remporte-les.

LE PORTE-CLEF.

Le Commandant a défendu.....

PIERRE.

Remporte-les, te dis-je ; je vais lui chercher quelque chose de meilleur.

LE PORTE-CLEF.

Vous êtes donc bien payé?...

PIERRE, *avec chaleur.*

Oui... par le plaisir que je ressens à adoucir sa situation.

LE PORTE-CLEF.

Vous êtes un homme singulier, M. Pierre ! Comment diable avec ces beaux sentimens, restez-vous dans cet état là ?

PIERRE, *le regardant avec mépris.*

Pour qu'on n'en mette pas un autre à ma place.

LE PORTE-CLEF, *riant bêtement.*

Bath !... ce sont des mots, ça... faut que chacun fasse son métier.

PIERRE *le poussant avec un sourire de pitié.*

Tu as raison, mon ami, et nous faisons chacun le nôtre...
(*Ils sortent doucement en fermant les verroux.*)

SCÈNE II.

ARNILL *seul, se réveillant.*

ME voilà mieux... Cette nuit, des songes effrayants !.... un sommeil agité... mais le matin a répandu le calme dans mes sens : je me suis rendormi quelques heures. Depuis si long-temps retenu dans la tour et ne sachant quel est le sort qu'on me destine.... Éloigné de tout ce qui m'est cher.... et pour quel crime !... pour avoir osé dire qu'il était révoltant de voir l'ignorance et le crime l'emporter sur les talens et sur les vertus... pour avoir soutenu qu'un gouvernement qui n'aurait pas l'équité pour base, la morale pour règle, les bons citoyens pour appui, ne pourrait long-temps subsister... Je l'ai dit ; je le dirais encore : je dois révérer les loix de mon pays, leur obéir; mais je veux que ces loix assurent mon repos, protègent mes jours, contribuent a mon bonheur; je veux..... c'est charmant, à un pauvre diable enfermé ici depuis six mois de dire *je veux!* lorsqu'il n'a pas même la permission d'écrire une lettre; une seule lettre a sa mère!... Quel chagrin elle a dû avoir lorqu'elle aura appris mon infortune!... La distance qui nous sépare; la sévérité du Commandant, m'ont empêché de recevoir de ses nouvelles... Et mon vieux ami, attaché de tout temps à ma famille!... Ce bon ecclésiastique, qui a pris soin de mon enfance, et qui, sachant unir la piété à l'indulgence, ne voit dans Dieu que l'auteur de la nature, et le père de tous les hommes. On devrait bien le laisser venir; ne fût-ce que pour m'exhorter à la patience!... j'en ai besoin; et sans le brave Pierre, le plus honnête geolier de toute la Nouvelle Angleterre, sans ses aimables enfants, je n'aurais jamais pu résister au chagrin d'être séparé de ma mère, et de voir s'écouler honteusement ma jeunesse... Tâchons de me distraire... Les arts par leurs attraits puissants, réussissent toujours à calmer mes peines. Peinture! musique!..... unissons-les pour mieux me consoler.

(Il prend un pinceau et un portrait en miniature qu'il achève en chantant.

RONDEAU.

Pour adoucir les peines de la vie
Et les chagrins qu'on ne peut éviter,
Un peu d'espoir et de philosophie,
C'est ma recette, et j'en sais profiter.   *(bis.)*

Pour adoucir, etc.

On charme l'absence en peignant
Celle qui nous est la plus chère;
Je fais de même en ce moment....
Et je peins la plus tendre mère:

Pour adoucir, etc.

Privé de toi depuis deux ans,
Mère que j'aime, que j'adore!
En dépit de tous les méchans,
Sur mon sein je te presse encore.

Pour adoucir etc.

Malgré la rigueur de mon sort, je trouve le secret de passer ici quelques momens assez doux. D'abord cet aimable Georges, le fils de Pierre, Nice, cette intéressante orpheline qu'il a adoptée : ce sont des enfans ; mais ils sont si gentils, si tendres !... Ne s'avisent-ils pas déjà de s'aimer ? Je leur ai promis de les marier quand je serais en liberté....... hélas ! j'ai bien peur qu'on ne leur laisse le temps de devenir trop raisonnables.

SCENE III.

ARNILL, PIERRE *apportant un flacon de vin de Rota et des biscuits.*

ARNILL.

Bonjour, Pierre. (*Il lui serre la main.*)

PIERRE.

Bonjour !... Je vous apporte....

ARNILL.

Toujours des attentions ! tu n'oublies rien, tu préviens mes moindres desirs ; mais j'espère ne pas mettre long-temps ton bon cœur à l'épreuve.

PIERRE, *avec une émotion cachée.*

Ce sera un grand plaisir que je perdrai.

ARNILL.

Oui, mais tu en sera dédomagé, en sachant ton protégé plus heureux.... car tu conviendra que quelque bien qu'on soit ici...

PIERRE, *souriant.*

Je ne suis point dutout fâché qu'on desire me quitter.

ARNILL, *avec ame.*

Mais ton souvenir toujours....

PIERRE, *l'intérrompant.*

Vos petits amis ont demandé à vous voir.

ARNILL.

Où sont-ils ?

PIERRE.

Vous reposiez. Je les ai envoyé faire quelques commissions:

dès qu'ils seront rentrés, je leur dirai que vous leur permettez de venir.

ARNILL.

Je les en prie.... Ils adoucissent mes chagrins.

PIERRE.

Ils le voudraient.... mais du moins ils les partagent, et de tout leur cœur.

ARNILL.

Tu leur en donnes l'exemple. Ah! tu es bien le meilleur homme qui ait jamais été chargé du soin des prisonniers.

PIERRE, *soupirant.*

J'ai perdu deux fois ma place.

ARNILL.

Je le crois. Trop d'humanité pour eux, c'était ton crime!... mais tu ne t'es pas corrigé.....

PIERRE, *avec sentiment.*

Je voudrais être renvoyé encore demain.

ARNILL.

Et que ce fut pour avoir adouci mon sort; je le parie.

PIERRE, *plus vivement et avec affection.*

Je voudrais être renvoyé encore demain.

ARNILL.

Je t'entends!... excellent homme!

PIERRE.

Non, je ne crains pas de le dire:

ARIETTE.

Tout malheureux a des droits sur mon cœur;
C'est un homme, c'est mon semblable.
Lorsque j'apprends qu'il est coupable,
je plains, je maudis son erreur;
Mais du sort cruel qui l'accable,
Je dois adoucir la rigueur.
C'est un homme, c'est mon semblable,
Et je ne vois que son malheur.

Mais quand un Commandant sévère,
Fait plonger dans ces tristes lieux,

Un jeune homme fier, généreux ;
Pour s'être montré trop sincère.
Pour moi qu'il est intéressant !
Je le chéris, je le révère,
C'est mon ami, mon fils, mon frère,
Je lui donnerais tout mon sang.
Oui, je plains le coupable ;
C'est un homme, c'est mon semblable.
Mais l'innocent !
Je le chéris, je le révère,
C'est mon ami, mon fils, mon frère,
Je lui donnerais tout mon sang.

ARNILL.

Mon cher Pierre ! Eh.... dis moi si tu sais ?....

PIERRE, *vivement.*

Non, je ne sais rien : ma sensibilité ne me fait pas oublier mon devoir.

ARNILL.

Du moins, parles-moi de cet inflexible Commandant.

PIERRE.

Il me paye ; je m'acquitte en me taisant.

ARNILL.

Sera-t-il toujours aussi sévère ?.... (*Pierre se tait.*) N'aurai-je pas au moins un peu plus de liberté ?... (*Pierre se tait.*) Et si l'on m'oubliait ici ?... Si je ne revoyais plus ma mère ?... (*Pierre témoigne qu'il souffre de ce qu'il sait, et de ce qu'il ne peut répondre.*) Pierre, ne reverrai-je plus cette bonne mère ? (*Pierre garde toujours le silence ; mais il essuye ses yeux.*) Tu gardes toujours le silence ; tu t'attendais, pourtant !

PIERRE, *n'y pouvant plus tenir.*

On ne m'a pas défendu de pleurer ; mais de répondre. Adieu.

(*Il sort brusquement.*)

SCENE IV.

ARNILL, *seul.*

SES larmes, son silence, tout commence à me faire craindre... mais enfin, que pourrait-il m'arriver ?... c'est une captivité plus ou moins longue... Cependant, pourquoi ces pleurs ?..? C'est singulier ; son amitié lui exagère...

(*On entend frapper trois coups dans les mains.*)

Ah ! je crois que j'entends celui... C'est encor un nouvel ami que je me suis fait depuis quelques jours : un honnête maçon qui travaille sur le toit voisin, et avec lequel je cause sans le voir, sans en être vu, et qui ne sait pas même qui je suis... J'ai eu le plaisir d'adoucir plusieurs fois ses fatigues, en partageant avec lui ma portion..... Il en est reconnaissant, et au risque d'en être apperçu, il s'approche ; il me parle... Il me raconte ce qui se passe... *Même signal; Arnill y répond.* Le voilà, le voilà ; c'est mon quart d'heure de récréation, et j'avoue que je l'attends avec une impatience... Je l'ai chargé de s'informer de tout ce qui se dirait dans la ville... Si pourtant il allait m'apprendre !... Je serais fâché de passer ici une partie de ma vie... A mon âge, il y a tant de jolies choses à faire !... Mais il a l'air de travailler plus près qu'à l'ordinaire... Je n'ose l'appeller, de peur que si en dehors on l'observait...

SCENE V.

ARNILL, LE MAÇON *éloigné encor et sans être vu.*

LE MAÇON.

Mon jeune prisonnier, comment va le courage ?

ARNILL.

Bien... Descendez le panier.

LE MAÇON.

Pas encore..... N'y a-t-il point de risques que le Geolier n'entre chez vous ?

ARNILL.

Non, il ne viendra plus qu'à l'heure du dîner.

LE MAÇON.

Bon ! nous pourrons causer.

ARNILL.

Mais oui... comme hier.

LE MAÇON.

Bien mieux.

ARNILL.

Comment ?

COMÉDIE.

LE MAÇON.

Patience! *(On l'entend travailler en dehors de la fenêtre.)*

ARNILL, *regardant*.

Que veut il faire? Une double grille empêche... Il essaye; il enlève un barreau... C'est lui-même...

LE MAÇON, *passant la tête*.

Me voilà, me voilà. Pardine, je voulais vous voir une fois, du moins... Vous m'avez fait du bien, et on n'a pas la moitié du plaisir quand on ne voit pas st'ila qu'est not' bienfaiteur.

ARNILL.

Si on t'appercevoit, tu perdrais ton état.

LE MAÇON, *riant*.

Ce ne serait pas une grande perte, et il y a partout des toits à refaire et des maisons à rebâtir; et puis j'ons bien observé. Il n'y a tout justement de risques que ce qu'il en faut pour ajouter un petit mérite au plaisir que je ressentons et à celui que je voudrions vous faire.

ARNILL.

J'ai mis là ta part.

LE MAÇON.

Bien. *Il passe un chapeau sans bord qui forme une corbeille, et qui est attaché à une corde, et le fait glisser par les barreaux. Il y a dans cette corbeille une bouteille qu'Arnill ôte pour y remettre celle qui est pleine.* V'la le commissionnaire qui descend. *(Arnill met dans le chapeau les biscuits et la bouteille)* et pis le v'la qui remonte. *Il boit.* C'est bon. J'en avais besoin... Il est chenu, celui-là!... Mettons-nous plus à notre aise pour deviser. *Il passe une jambe et la moitié du corps par les barreaux.*

ARNILL, *montant sur la cheminée*.

Me voilà fort bien aussi.

LE MAÇON.

Nous sommes presque de plein pied.

ARNILL, *souriant*.

Oui, presque.

ARNILL;
LE MAÇON.

Causons et buvons.

COUPLETS.

C'est grand plaisir que de boire;
Ça rend dispos, ça rend joyeux,
On dit, et j'aime à l' croire
Qu'l'amour rend encor plus heureux.
  Vive une belle
  Tendre et fidèle!
Alors on prend pour son refrain
Gnia qu'l'amour qui vaill' mieux que l'vin. (bis)

 Mais si votre maîtresse
 Refuse de nous écouter;
 Si, devenant traîtresse,
 Pour un autr' ell' veut nous quitter...
  Chère bouteille!
  Jus de la treille....
 Ma fine, alors, j' dis à mon tour
 Gnia que l'vin qui vaill' mieux qu'l'amour. (bis)

ARNILL *riant*.

Tu as raison...Mais n'as tu rien appris dans la ville?...

LE MAÇON.

Si fait.... diantre, il y a une nouvelle....

ARNILL.

Et de quoi est-il question?

LE MAÇON.

On parle par-tout d'un étourdi qui se nomme, attendez.,. un nom en ill.... Tornill... Ah! je ne voudrais pas être à sa place, toujours.

ARNILL.

Il a peut-être perdu sa liberté.

LE MAÇON.

Il joue plus gros jeu que ça.

ARNILL.

Comment?

LE MAÇON.

C'est une histoire.... une histoire qui ne vous intéressera peut-être pas.

COMÉDIE.

ARNILL.
Oh! beaucoup.

LE MAÇON.
Il faut donc que vous sachiez que ce jeune homme s'est avisé de dire tout haut et dans des lieux publics, qu'il était temps d'arrêter les vexations, les pillages, les injustices.... Que le Commandant ne choisissait pas toujours biens ses agens, et que s'il consultait un peu plus l'opinion publique, ça irait peut-être mieux. Il a ajouté encore bien des petites vérités qui ne peuvent pas plaire à tout le monde. Il se trouvait la apparemment quelques-uns de ces gens serviables qui écoutent pour aller rapporter ensuite à ceux qui les (*Il fait signe qu'on les paye.*) vous entendez bien... ça n'a pas manqué; on a été tout redire au Commandant: celui-ci furieux, a fait mettre le jeune homme dedans, et puis il a envoyé un vaisseau à Londres; et la réponse est arrivée, j'en suis bien sûr; car j'ai parlé à celui qui l'a apportée.

ARNILL.
Eh bien, cette réponse?...

LE MAÇON.
Ma fine; le Commandant n'a pas eu le démenti: on le laisse le maître de faire ce qu'ils appellent un exemple.

ARNILL.
Un exemple!...

LE MAÇON.
Et en conséquence, il a décidé avec son conseil, sans autres formes de procès, que le jeune homme aurait la tête tranchée.

ARNILL, *frappé de cette nouvelle inattendue.*
Ah!.... (*Il se laisse tomber de la cheminée sur la table.*)

LE MAÇON.
Eh bien? où allez vous-donc?

ARNILL.
Adieu, mon ami; va t'en.

LE MAÇON, *regardant du côté où vient le geolier.*
Est-ce que vous avez entendu?

ARNILL.
Oui, oui; j'ai entendu.... va t'en..... mais, j'oubliais..... je dois récompenser ton zèle... tiens, voilà pour boire.

(*Il lui jette une bourse.*)

ARNILL,
LE MAÇON.

A votre santé ?

ARNILL, *soupirant et souriant.*

Oui, à ma santé.

LE MAÇON.

A la bonne heure ; mais il ne faut pas d'argent pour ça.. Est-ce que tous les jours vous ne me donnez pas ici du bon vin ?... et demain que je reviendrai....

ARNILL.

Eh ! qui sait si tu pourras ... mon ami, en supposant que ce que tu dis arrive... et que tu rencontres le malheureux jeune homme, tu te souviendras alors que tu m'as promis de boire à ma santé.

LE MAÇON, *étonné.*

Comment ? Que veut dire ?

ARNILL, *l'éloignant de la main.*

Adieu, mon ami ; adieu ; laisse-moi.

(*Le maçon affligé remet le barreau et s'en va.*)

SCÈNE VI.

ARNILL, *seul.*

JE n'ai pas été le maître de la première impression !.. pouvais-je m'attendre à me voir punir aussi injustement !... Je ne puis le croire ; il s'est trompé.

LE MAÇON, *reparaît un peu et dis bas.*

Ecoutons.

ARNILL.

Moi ! finir sur un échafaud !... moi ! qui espérais mourir en servant la cause de l'humanité... Eh bien, oui, je la servirai encore : cette nouvelle injustice hâtera peut-être le réveil de mes concitoyens... En attendant l'heure de la vengeance, on me plaindra ; on gémira en secret sur mon sort, mon nom sera dans la bouche de toutes les âmes sensibles, et elles ne le prononceront pas, sans qu'une larme ne l'accompagne.

On entend jouer de la flûte et de la guitare

Voilà ce pauvre Georges et cette bonne Nice, qui font de

leur mieux pour me distraire : c'est un petit concert qu'ils me donnent. (*Ils jouent encore.*) Je n'ai pas le courage de les appeller, ni de les interrompre : mon cœur est serré.... *Ils frappent.*

NICE, *en dehors.*

Monsieur Arnill ?

ARNILL, *bas.*

Il faut prendre sur moi... (*haut.*) Mes bons amis, vous voilà revenus ?

GEORGES.

Oui, nous attendons mon père pour nous ouvrir la porte.

NICE,

Je vous apporte aussi votre guitare : oh ! j'ai bien étudié.

ARNILL.

Les pauvres enfans ! je ne leur dirai rien, ils le sauront assez tôt.

Pierre ouvre, le maçon reparaît de tems en tems.

SCENE VII.

ARNILL, GEORGES, NICE, *avec sa guitare.*

GEORGES.

BONJOUR, mon ami... Nous voilà tous deux.

NICE.

Nous avons un petit moment et nous venons en profiter.

ARNILL, *embarassé.*

J'ai beaucoup à écrire, à lire,

GEORGES.

Oh ! ce n'est que pour vous reposer de toutes vos écritures, de toutes vos lectures ; nous savons bien que notre conversation ne vaut pas celle que vous avez avec vos livres ; mais du moins, nous sommes plus gais que vos savans ; et puis nous avons un mérite de plus qu'eux : vous les aimez sans qu'ils vous le rendent ; et nous, nous vous aimerions quand bien même vous ne nous le rendriez pas.

ARNILL.

Vous êtes bien sûrs de ma tendre amitié : chaque jour l'augmente : et je sens qu'aujourd'hui surtout...

NICE.

Voulez-vous me donner ma leçon de guitare ?

ARNILL.

Non, pas en ce moment.

GEORGES.

Nous chanterons si vous aimez mieux...

ARNILL.

Pas encore.

NICE.

Oh! dame, nous oublierons...

GEORGES.

J'aurais du moins voulu lui montrer cette chanson que...

NICE.

Oh! oui... nous l'avions achetée tout exprès pour l'amuser.

GEORGES.

Mais, faut pas... non, il ne faut pas...

ARNILL.

Pourquoi... dites votre chanson, je vous en prie .. je le veux...

NICE.

Oh! Bath!

GEORGES, *riant.*

Dame! c'est qu'elle est drôle.

NICE, *souriant..*

Comme ça... tiens, le bon ami en jugera.

DUO.

NICE.

Colin demande à sa bergère
Ruban qui tient à son corset,
Quand on aime et que l'on sait plaire
Marché pareil est bientôt fait.
Il demande encore la fleurette
Qui touchait de plus près son sein,
Ne la donne la bergerette,
Mais en permet le doux larcin.

GEORGES.

COMÉDIE.

GEORGES.

Veut encore que lui soit donnée
Faveur plus grande... un baiser sur la main.
Oh! c'en est trop, dit la belle, étonnée,
Gardons le baiser pour demain.
Non, non; lui répondit Colin,
Que cette main me soit donnée...
Profitons de cette journée :
Qui sait si nous vivrons demain?...

Arnill fait un mouvement de surprise.

ARNILL.

Il est singulier votre refrain.

GEORGES.

Et joli, pas vrai? Vous le chanterez avec nous.

ARNILL.

Oh! non, non...

NICE, *avec amitié.*

Nous vous l'appendrons.

ARNILL, *affecté.*

Oh! je l'ai bien retenu.

GEORGES.

Voyons.

ARNILL.

Vous le voulez..... je ne dirai peut-être pas précisément comme vous ; mais je suppléerai.

(il chante seul.)

Veux aussi que me soit donnée
Faveur bien douce! à tous deux votre main.
Amis, qu'elle me soit donnée;
Appuyez la contre mon sein.
Profitons de cette journée :
Qui sait si je vivrai demain ?

NICE, *étonnée.*

Mais, vous ne dites pas comme nous.

ARNILL, *avec sensibilité.*

Je dis... comme moi, reprenons ; vous verrez que cela ira bien.

B

TRIO.

LES DEUX ENFANS.
Veut encor que lui soit donnée
Faveur plus grande, etc.

ARNILL.
Veux aussi que me soit donnée
Faveur bien douce, etc.

GEORGES, *pleurant presque.*

L'air, les paroles! votre voix émue! Mon ami, pardonnez-nous notre franchise; mais vous avez gâté notre chanson.

ARNILL, *les embrassant.*

N'allez pas m'en vouloir, mes aimables enfans........

GEORGES, *essuyant ses yeux.*

Non, oh! non; ça n'est pas possible. Parlons plutôt de ce qui toujours nous fait plaisir: de votre liberté, et de notre mariage.

NICE.

Vous lui avez promis, à ce qu'il dit, de nous marier, lorsque vous serez sorti de ce triste lieu.

GEORGES, *content.*

Oh! cela ne sera pas long.

ARNILL, *étonné.*

Mes amis!....

GEORGES, *content.*

Faut vous dire..... Mais c'est que nous avons dans l'idée..... Et puis, nous sommes doublement pressés et pour vous et pour nous.

ARNILL, *ému.*

On vous mariera.

GEORGES, *vivement.*

Non. C'est vous qui......

ARNILL.

Moi, ou un autre, pourvu qu'on vous marie.

NICE.

Ce ne serait pas la même chose, et je jure de ne pas....

GEORGES.

Et moi, je jure aussi....

ARNILL, *très-vivement.*

Je vous le défends.

COMÉDIE.

GEORGES *gaiment*, *à Nice*.

C'est qu'il croit qu'il ne sortira pas de long-temps..... mais j'ai entendu dire tout-a-l'heure que ce soir on donnerait sa chambre.

ARNILL *frappé*, *à part*.

Ce soir! ah! voila ce que le maçon ne m'avait pas dit.

NICE *à Georges*.

Il a quelque chose d'extraordinaire; nous le génons peut-être.....

GEORGES *à Nice*.

Allons nous-en.... (*haut.*) Mon père nous a recommandé de revenir tout de suite... faut pas lui désobéir, pour qu'il nous permette de revenir une autre fois. (*Ils sortent.*)

CENE VIII.

ARNILL, LE MAÇON *qui reparait*.

LE MAÇON.

UN mot, un mot.....

ARNILL.

Tu reviens!

LE MAÇON.

Je n'ai pas quitté; j'ai tout entendu... tout. Je sais qui vous êtes... Et moi qui ai été vous conter!... Il n'y a pas de temps à perdre : il faut vous sauver.

ARNILL.

Que dis-tu?

LE MAÇON.

Rien de plus facile : il ne reste que cette grille.

ARNIL.

Comment pourras-tu?

LE MAÇON.

Deux de mes compagnons sont la.

ARNILL.

Qui peut répondre de leur discrétion?

ARNILL.
LE MAÇON.

De l'argent.

ARNILL, *dans un premier mouvement.*

Je n'en ai plus.

LE MAÇON, *avec force et sentiment.*

Et votre bourse donc?...

ARNILL.

Brave homme !

LE MAÇON.

Décidez-vous, v'la que j'les appelle... scht, scht, la coterie. *

ARNILL, *à part.*

Il serait bien bisarre, bien hardi, qu'au moment même où ils croient assurer leur cruelle vengeance, je parvinsse à m'évader.

LE MAÇON.

Nous v'la au travail.. Vous! faites bien du bruit; chantez, jouez de votre guitare, bien fort... trin, trin, trin... ça fait qu'on n'entendra pas notre marteau.

ARNILL.

Oui, oui.

COUPLETS.

Dans un cruel et honteux esclavage
Un pauvre oiseau se voyait arrêté,
De s'échapper de sa maudite cage
Le moindre espoir lui paroissoit ô é.   (*bis.*)

Vouloient encor attenter à sa vie
Ceux qui l'avoient si méchamment saisi ;
Gaiment. Quand par bonheur vient une main amie
Qui rompt la cage et le voilà parti.   (*bis.*)

LE MAÇON *l'interrompant.*

Pas encore; mais tout-à-lheure.

ARNILL *continue.*

Le pauvre oiseau sûr de sa délivrance
Tout doucement gasouillait, gasouillait,
Et par son chant peint la reconnaissance,
Qu'au fond du cœur par prudence il cachait.   (*bis.*)

---

* Nom que les maçons se donnent entr'eux.

LE MAÇON.

Sarpedié! vous n'avez pas besoin de nous exciter; allez le cœur fait marcher les bras.

ARNILL, *regardant*.

Mais, comment arriver à la fenêtre?...

LE MAÇON.

C'est votre affaire; vous êtes jeune, ingambe...

ARNILL, *montant sur la cheminée, souriant*.

Oh! oui, c'est très-aisé.... jusques-là.... Mais après, je ne sais guère marcher sur les toits.

LE MAÇON.

Vous avez un bon guide.

ARNILL, *soupirant*.

Ah! oui.

LE MAÇON.

L'espoir de sortir d'ici.

ARNILL, *vivement*.

L'espoir de revoir ma mère......m'y voilà.

(*Il s'élance sur la cheminée; saisit la grille*,

LE MAÇON.

Attendez-donc.... diable, ça tient plus que je ne croyais... Sarpedié! j'y vons de bon courage pourtant. Prenez toujours ce que vous avez de plus précieux.

ARNILL.

Moi?.. bon!.. que veux-tu que?... ah... le portrait de ma mère...(*il redescend*.) paix; on vient.

LE MAÇON.

Il n'y a pas de mal, ça nous reposera; j'en avons besoin.

ARNILL.

Je vous rappellerai quand on sera parti.

LE MAÇON.

Oh! j'entendrai ben, allez.

SCENE IX.

PIERRE, ARNILL, *reprenant sa guitare et fredonnant l'air qu'il vient de chanter;*

PIERRE, *accourant*.

Un homme âgé, respectable, demande à vous parler.

ARNILL,

ARNILL.

Serait-ce monsieur Worthy ? un Ecclésiastique ?

PIERRE.

Peut-être bien : je ne regarde plus les hommes à leur habit, mais a leur figure... et cela fait que je m'y trompe moins. Voilà pourquoi je me suis fié a vous tout de suite, et j'étais bien sûr de ne pas m'en repentir.

ARNILL, *troublé.*

Non, sans doute... Et comment monsieur Worthy a-t-il donc pu obtenir la permission ?...

PIERRE.

Il a dit qu'il vous aimait, qu'il vous consolerait ; pouvais-je le refuser ?

ARNILL, *vivement.*

Ah ! te voilà bien !

PIERRE.

Ils ne me changeront pas. Je cours lui ouvrir.

ARNILL, *l'arrêtant.*

Pierre, tu vas être étonné de ma question ; mais cela m'occupait tout-a-l'heure.... Si un prisonnier condamné a mort se sauvait, que t'arriverait-il ?...

PIERRE, *avec fermeté.*

Je serais pendu. (*Arnill tressaille.*) Oui, pendu ; cela ne ferait pas la plus petite difficulté.... mais, votre ami attend et dans votre position, il ne faut pas vous faire perdre un seul instant le plaisir de voir un honnête homme. (*Il sort.*)

SCENE X.

ARNILL, LE MAÇON.

ARNILL, *d'abord seul.*

O ciel !... et j'allais..... et ce malheureux, cet honnête Pierre !... non, non, je renonce a ce projet ; je reste et j'attends ici mon sort.

LE MAÇON, *reparaissant à la grille.*

Comment ? vous préférez ?

ARNILL.

L'honneur à la vie...., et je t'estime assez, d'après ta conduite pour croire que tu ne peux que me plaindre et non pas me blâmer.... adieu, je ne veux pas t'écouter......
non, non, non : *avec la plus grande force.*

LE MAÇON, *secouant la grille.*

Elle ne tient plus ; la voilà ouverte.

ARNILL, *la refermant avec violence.*

N'importe, je reste.... on va rentrer, et tu te perdrais sans pouvoir me sauver.|... va-t'en, va-t'en.

LE MAÇON *très-ému.*

Je vous obéis.... mais je vais dire par-tout.... ce ne sera pas ma faute toujours, et si tout le monde fait comme moi... adieu ; je voudrais bien ne vous avoir jamais connu.

(*Il disparaît.*)

SCÈNE XI.

ARNILL, *seul.*

Bon ! me voilà mieux... je suis content de moi, et si Pierre, par hazard, sait un jour...... ce bon Worthy va venir...... laissons-le s'expliquer et ne faisons rien paraître.

SCENE XII.

WORTHY, ministre, ARNILL.

ARNILL, (*courant à lui.*)

C'est donc vous ! je vous revois enfin.

WORTHY.

Et dans quels lieux ! dans quels momens !

ARNILL, *vivement.*

Ma mère ?....

WORTHY.

La providence semble veiller sur elle Éloignée de ces lieux où elle ne connaît personne, n'ayant de correspondance qu'avec moi, j'ai eu le bonheur, jusqu'ici, de lui dérober toutes les inquiétudes qui m'ont tourmenté.

B 4

ARNILL.

Ah ! que je vous en remercie !

WORTHY.

Mais je n'en suis pas plus tranquile.

ARNILL *le fixant.*

Auriez-vous appris ?.....

WORTHY, *vivement.*

Rien encore ; mais j'ai su qu'on attendait un message important, décisif.

ARNILL, *froidement.*

Il est arrivé ?...

WORTHY, *étonné et l'examinant.*

On me l'a dit.....J'ai questionné, on n'a pas voulu me répondre ; mais on m'a accordé ce que je demandais depuis si long-temps, le bonheur de vous voir, de vous embrasser; me voici prêt à vous féliciter si votre exil doit finir, ou a vous affermir, si de nouveaux malheurs vous menacent.

RONDEAU.

Tout ce que sent un cœur bien tendre,
Tout ce qu'inspire l'amitié,
Tout ce que dicte la pitié,
Ah ! de moi vous devez l'attendre.
De tous vos maux, je souffre la moitié.
Oui, tout ce que sent un cœur tendre,
Tout ce qu'inspire l'amitié,
Tout ce que dicte la pitié.
De Worthy vous devez l'attendre.
J'ai su guider vos jeunes ans ;
Je vous inspirai du courage.
Je vais jouir de mon ouvrage !
Vous saurez braver vos tirans.
Tout ce que sent, etc.

Mon devoir est de me rien feindre
De vous exhorter à souffrir...
De vous consoler, de vous plaindre.
Et c'est le plus doux à remplir !
Tout ce que sent, etc.

COMEDIE.

ARNILL.

Vous avez su la cause?

WORTHY, *avec bonté*.

Je sais que vous avez manqué de prudence.

ARNILL.

Je l'avoue, il fallait être plus sûr de ceux à qui je parlais : j'ai cru qu'ils avaient une ame...

WORTHY.

Les délateurs en ont-ils !....

ARNILL.

N'importe, je les défie, malheur à ceux qui me condamneront. Ils ne pourront effacer la gloire qui suivra mon nom, et la honte qui s'attachera au leur......

WORTHY.

Cette philosophie à votre âge !

ARNILL.

Elle me vient des bons principes que vous m'avez donnés; de l'éducation que j'ai reçue! elle a hâté chez moi la réflexion, l'expérience, c'est encor elle qui me soutient en ce moment.

WORTHY, *à part*.

Saurait-il?..... (*haut*) vous y joignez sans doute, l'idée d'un être suprême?

ARNILL, *vivement*.

Oh! oui... cette idée m'élève, me console, m'affermit ; l'amour de la philosophie n'exclut point le respect pour l'auteur de la nature, la reconnaissance pour ses bienfaits, la résignation dans les malheurs ; le vrai philosophe est l'homme vertueux ; l'homme vertueux ne peut craindre un Dieu, et puisqu'il aime ses frères, il doit aimer celui qui les créa, et qui les lui conserve.

WORTHY.

Mon fils, j'admire cette façon de penser, cette force d'ame... peut-être ne trouverez-vous pas de long-temps l'occasion de l'exercer..... peut-être aussi des évènemens.... que je n'ose prévoir..... mais enfin, si malgré votre jeunesse.... le Ciel disposait de vos jours..... s'ils ne vous laissait que quelques instans..... vos vœux tournés vers la divinité....

ARNILL.

Je la prierais pour ma mère.

WORTHY, *avec douceur.*

Pour votre mère, pour vous....

ARNILL, *tendrement.*

Quarante ans de vertus vous ont donné des droits à sa clémence, je vous chargerais mon père, de l'implorer pour votre enfant.

WORTHY.

Ah! ne doutez pas....

SCENE XIII.

LES PRÉCÉDENS, PIERRE.

PIERRE, *triste.*

On vous demande, descendez.

WORTHY.

Dieu!

PIERRE, *vivement.*

Non, non, ce n'est pas.... *(à Arnill)*; c'est le commandant qui veut vous parler.

ARNILL, *à Worthy.*

Vous ne vous enirez pas?

WORTHY, *avec tendresse.*

Et vous, vous reviendrez?

ARNILL.

Je l'espère.

PIERRE, *à Worthy.*

Et moi, je vous le promets.

(Arnill sort.)

SCENE XIV.

PIERRE, WORTHY.

WORTHY.

Eh bien?....

PIERRE, *sombre.*

Ils l'ont jugé.

COMÉDIE.

WORTHY.

Aucun espoir?

PIERRE.

Aucun.

WORTHY.

Un jeune homme si intéressant!...

PIERRE.

Si bon, si aimable! et a deux heures tout sera fini.

WORTHY.

A deux heures! Ce Commandant...

PIERRE.

Il animait lui-même les juges, qui de peur de lui déplaire...

WORTHY.

Enfin, ils l'ont condamné.

PIERRE.

Tous, tous; d'une voix, sans examen, sans discussion.

WORTHY.

Et ils disent qu'ils l'ont jugé... Quels hommes!

PIERRE.

Des hommes! des tigres!... Mais vous avez raison; dans votre état, on ne doit dire du mal de personne..... les monstres! les...

WORTHY, *effrayé.*

Pierre, Pierre; on peut vous entendre....

PIERRE.

Je n'ai rien à ménager... Je me suis contraint jusqu'à présent, tant que j'ai espéré... mais je n'y tiens plus; et si j'étois sûr de le faire évader...

WORTHY.

Il le refuserait.

PIERRE, *vivement.*

Il en serait capable... Mais si je pouvais l'emporter, l'entraîner, le jeter loin, loin de ses bourreaux: les supplices, la mort, je braverais tout; oui tout, pour une aussi belle cause.

WORTHY.

En vain tu essayerais, mon ami; c'est impossible.

PIERRE.

Impossible!... et il n'a commis aucun crime... et le Ciel permet... Mais, le voici, le voici.

SCENE XV.

LES PRÉCÉDENS, ARNILL.

ARNILL.

PIERRE, va; on a des ordres à te donner.

PIERRE, *avec effroi.*

Des ordres !...

ARNNILL, *lui serrant la main.*

Va, mon ami, va..... Je te connais; tu feras ton devoir, quel qu'il soit.

PIERRE *sort et lève les yeux au ciel.*

SCENE XVI.

ARNILL, WORTHY.

ARNILL, *avec douceur et fermeté.*

Je n'ai pas été long-temps.

WORTHY.

J'étais dans une inquiétude !...

ARNILL.

Je viens la faire cesser... Mon sort est enfin décidé.

WORTHY.

Cet air calme... Mon fils, vous aurait-on promis?... (*Arnill l'embrasse sans répondre.*) Ah ! je m'étais trop tôt flatté ; un coup aussi imprévu a dû...

ARNILL.

Je savais tout.

WORTHY.

Vous saviez?...

ARNILL.

De ce matin.

WORTHY.

Et vous ne m'avez rien dit !

ARNILL.

Je craignais de vous l'apprendre.

WORTHY.

Généreux jeune homme !

COMEDIE.

ARNILL.

Oui, je le sens, j'aurais été un jour digne de toute votre estime, de celle de mes concitoyens, de mes ennemis même. J'aurais servi ma patrie; j'aurais peut-être contribué à l'affranchir du joug des méchans... ensuite, revenant faire le bonheur de ma mère, cultiver mon champ, élever mes enfans... chérir, soulager les infortunés... ah ! voilà ce que les cruels m'enlèvent, et ce que je regrette plus que la vie.

SCENE XVII.

LES PRÉCÉDENS, PIERRE *tout troublé.*

PIERRE, *bas à Worthy.*

Je voudrais vous parler en particulier.

WORTHY.

Qu'est-ce ?...

PIERRE *troublé.*

Quel coup pour elle ! Elle n'y résistera jamais.

ARNILL *très-vivement..*

C'est ma mère ! c'est ma mère ! je la verrai ! je ne mourrai pas sans l'embrasser.

PIERRE.

Oui, mais comment lui apprendre ?

ARNILL, *avec joie.*

Elle ignore ! Ah ! le ciel soit loué; rien ne troublera le plaisir qu'elle va goûter à revoir son fils.

PIERRE.

Elle a devancé le vaisseau de plusieurs lieues; une chaloupe, un vent favorable.....

ARNILL.

C'est un Dieu qui l'a inspirée et me l'amène.

PIERRE.

Et sans parler à personne, sans entrer même dans la ville.... elle est venue tout de suite au fort.

ARNILL.

Elle est là, peut-être ! ouvre vîte, ouvre vîte, Pierre; les minutes me sont comptées.

ARNILL.

PIERRE.

C'est elle qui a exigé que je vinsse vous prévenir.

ARNILL.

Elle a craint ma joie!.... Voyez quel cœur que celui d'une mere?.... Cours donc, cours la chercher.

SCENE XVIII.

ARNILL, WORTHY.

WORTHY.

MAIS si elle appprend le sort qui vous attend, sans y être préparée, elle en mourra, et je crains bien que vos traits.....

ARNILL.

Elle en mourra!.... Et vous craignez, dites-vous?.... Avec joie. Qu'elle vienne, qu'elle vienne, et vous verrez que ce n'est pas mon visage qui pourra le lui apprendre.....

WORTHY.

Comment réussir à l'éloigner?

ARNILL.

Je l'éloignerai... mais, voyons-la d'abord; embrassons-là; c'est bien juste, et après avoir joui un instant, un seul instant de ce charme consolateur, je m'oublierai, mon ami, et je ne penserai plus qu'à elle, je vous le promets. (*Avec impatience.*) Mais elle ne vient pas.

PIERRE, *accourant.*

La voici, la voici; du courage.

SCENE XIX.

LES PRÉCÉDENS, Mad. ARNILL.

ARNILL, *allant à elle avec l'air de la joie.*

O ma bonne mère! mon excellente mère.

Mad ARNILL.

Mon fils, mon cher fils! je puis donc te revoir! Le sort enfin commencerait-il à se laisser fléchir?

COMÉDIE.

ARNILL.

Je dois le croire, puisqu'il me permet de vous embrasser... Votre santé?... la fatigue d'un long voyage.... Ah! laissez-moi contempler ces traits respectables et chéris; ces traits que je n'ai pas vus depuis si long-temps.... et que je n'ai jamais regardés avec autant de plaisir qu'aujourd'hui. Oh! oui, oui; vous vous portez bien; vous avez de la force... vous en auriez si cela était nécessaire?

Mad. ARNILL, *souriant.*

Il en faut pour supporter même l'excès du bonheur.

ARNILL,

Oh, oui, je l'éprouve en ce moment.

Mad. ARNILL.

On voulait que je différasse.

ARNILL.

Ah! vous avez bien fait de ne pas différer.

Mad. ARNILL.

Tu vas, j'espère, quitter ces lieux?

ARNILL.

Je les quitterai.

Mad. ARNILL.

Et quand; quand donc?.....

ARNILL, *froidement, et avec réflexion.*

Ce soir.

Mad. ARNILL.

Ah! je ne croyais pas que ce fût sitôt!... Ma joie...

ARNILL *ému.*

Attendez; attendez, ma mère, à vous féliciter.

Mad. ARNILL.

Pouraient-ils changer d'avis?

ARNILL, *avec fermeté.*

Ils n'en changeront point... Mais il faut vous instruire d'une circonstance bien importante, dont...

WORTHY, *vivement et bas.*

Qu'allez-vous faire?

ARNILL, *froidement.*

Ce que je vous ai promis..... *(à sa mère.)* Je dois vous avouer que, dans ces momens où l'on craint que le parti qui s'est justement indigné du despotisme de l'Angleterre, ne prenne de la force, ma cause devient plus mauvaise.

Mad. ARNILL, *inquiete.*

Ta liberté, alors?...

ARNILL, *froidement.*

Est sûre, très-sûre, en dépit d'eux tous.

Mad. ARNILL.

Eh! comment?

ARNILL, *respectueusement.*

Ah! c'est mon secret.

Mad. ARNILL.

Je le respecte.

ARNILL, *lui baisant la main.*

Je vous en remercie... Mais pour que mon plan réussisse, il est essentiel qu'on n'ait aucun soupçon, et votre présence ici, ne pourrait qu'en faire naître... Allez donc m'attendre sur votre vaisseau.

Mad. ARNILL.

Quoi! déjà nous séparer?.....

ARNILL.

Il le faut.....

Mad. ARNILL.

Ne puis-je rester dans la ville sans danger?

ARNILL, *vivement et tendrement.*

Oh! non, il y en aurait un terrible... croyez-moi, nous payerions bien cher le plaisir que nous goûtons en ce moment; il faut nous séparer; il le faut : partez.

Mad. ARNILL.

Avec quelle force tu le dis?....

ARNILL, *rappellant sa fermeté.*

C'est qu'il en faut beaucoup pour se résoudre à vous éloigner.

Mad. ARNILL.

Mad. ARNILL.

Monsieur Worthy, vous ne dites rien?

WORTHY.

Votre fils parle mieux que moi, et je n'ai rien à ajouter...

Mad. ARNILL.

Vous le voulez tous, j'obéis... Je ne me consolerais pas si je faisais manquer le projet qui va le rendre libre. Sachez-moi gré de ma condescendance... Venir de si loin, et se voir si peu! Tu pleures!... Ah! je suis payée de mon voyage!

ARNILL, *à part et étouffant.*

Ah! ah!... c'est plus difficile que de mourir!...

Mad. ARNILL, *le caressant.*

Du moins une fois réunis, on ne nous séparera plus?

ARNILL, *concentré.*

Oh! non... Les cruels! ils ne pourront plus nous séparer.

Mad. ARNILL.

Monsieur Worthy restera avec toi?...

ARNILL, *lui serrant la main.*

Oui, et jusqu'au dernier moment.

Mad. ARNILL.

Il me rendra mon fils demain?

ARNILL, *très-ému.*

Demain... oui, demain... il vous le rendra...

Mad. ARNILL.

A dieu, mon cher enfant.

ARNILL, *n'en pouvant plus.*

Ah! ma mère! je t'en prie, ne nous disons pas adieu....

Mad. ARNILL.

Oui, nous allons nous revoir bientôt.

ARNILL, *hors de lui.*

Bientôt!... Non.... si.... ma mère, quand le ciel l'ordonnera.

C

Mad. ARNILL.

Comment!... que signifie?..,.. tu parais troublé..... on me cache quelque chose.... tu cours quelque danger. ...

ARNILL. *se retournant avec un air riant.*

Voyez, voyez si j'ai l'air de rien craindre.

Mad. ARNILL, *fortement.*

Oui, oui, on n'abuse pas le cœur d'une mère....Regardes-moi, regardes-moi.... il n'ose pas me regarder!.... Vous me trompez.... vous me trompez tous les deux....

WORTHY *voulant l'emmener.*

N'en demandez pas plus ; fuyez.

Mad. ARNILL.

Non, je ne m'en irai pas ; je veux savoir.....

ARNILL *à genoux.*

Ma mère, ma mère, va-t'en, je t'en conjure.

SEXTUOR.

Mad. ARNILL.

Non, non, je vois qu'on m'en impose ;
Non, je ne veux point te quitter.

ARNILL et WORTHY.

Votre séjour ici $\genfrac{}{}{0pt}{}{m}{l}$ 'expose,

Ah! cessez de nous résister.

SCÈNE XX.

LES PRÉCÉDENS, LES ENFANS, PIERRE.

LES ENFANS, *à Mad. Arnill.*

Apprenez qu'on vous en impose,
Il ne faut pas les écouter.

Mad. ARNILL.

Je vois bien que l'on m'en impose,
C'est vous que je dois écouter.

COMEDIE.

ARNILL, *aux enfans.*

Je vous ordonne le silence.

LES ENFANS.

Plus de détours, d'obéissance ;
Votre fils !... Ah ! l'infortuné,
A la mort ils l'ont condamné !

Mad. ARNILL.

A la mort !... et quel est son crime ?

LES ENFANS.

Son amour pour la vérité,
Pour les droits de l'humanité.
En ce jour il en est victime.

Mad. ARNILL.

Si mon fils périt aujourd'hui,
Je suis coupable aussi moi-même
Et je dois périr avec lui.

TOUS, *à Madame Arnill.*

Paix ! paix ! de la prudence,
Et gardez le silence,
On peut nous écouter,
Il faut se concerter.

Mad. ARNILL.

Mon fils !

ARNILL.

Ma tendre mère !

Mad. ARNILL.

Non, ils ne t'immoleront pas.
T'arracheront-ils de mes bras ?...
Ah ! je périrai la première.

LES ENFANS, etc.

Paix, paix ! de la prudence, etc.

Mad. ARNILL.

O fureur! ô douleur amère!

TOUS LES AUTRES.

Parlez plus bas, parlez plus bas.

Mad. ARNILL.

Mes amis, vous ne sentez pas
Tout ce qu'on sent quand on est mère!

LES ENFANS, etc.

Parlez plus bas, parlez plus bas.

Mad. ARNILL.

Dites-moi donc ce qu'il faut faire?

PIERRE, LES ENFANS.

Aux pieds de ce chef trop sévère,
Il faudrait tomber à l'instant.

ARNILL, *à sa mère.*

Quoi! s'abaisser à la prière!
Tomber aux pieds de ce méchant!...

Mad. ARNILL.

Eh! songes donc que je suis mère,
Et que je sauve mon enfant.
Ah! s'il a des enfans lui-même,
Mes larmes pourront l'attendrir,
En voyant ma douleur extrême,
Son cœur se laissera fléchir.

TOUS, *avec peu d'espérance.*

Son cœur pourrait-il s'attendrir?

Mad. ARNILL.

Secondez plutôt mon courage,
Venez avec moi, mes amis;
Tâchons de désarmer sa rage;
Sauvez et la mère et le fils.

COMÉDIE.

ARNILL.

Ah ! quelle mère, Ah ! quel cou-
rage !
O mes amis ! mes bons amis !
Ne différez pas davantage,
Sauvez et la mère et le fils.

TOUS.

Elle ranime mon courage,
Suivons-la tous, mes chers amis.
Ne différons pas davantage,
Sauvons et la mère et le fils.

LES DEUX ENFANS.

Oui, nous obtiendrons votre vie.

ARNILL.

Mais il me faut la liberté
(bas.) Et le bonheur de ma patrie.

TOUS LES AUTRES.

Soyez donc prudent, je vous prie,
Obtenons d'abord votre vie.

ARNILL.

Ah ! le jour sans la liberté,
Ce n'est qu'une honteuse vie.

TOUS LES AUTRES.

Oui, oui, nous obtiendrons sa vie ;
Sa vie avec sa liberté..

TOUS, *avec chaleur.*

Unissons-nous, de la prudence,
Paix, parlons bas, faisons silence.
(*) Nous voulons—vous voulez—nous sauver, vous sauver
Tous les deux—tous les deux :
Oui, nous voulons sauver sa vie,
Nous obtiendrons sa liberté ;
En écrasant la tyrannie,
Nous servirons l'humanité.

Paix ! silence,
De la prudence,
Arnill, de l'espérance,
Quittons ces lieux.

(*) Ceci doit être parlé plutôt que chanté, et avec beaucoup d'action.

ARNILL,

Nous voulons—vous voulez—nous sauver ;
Vous sauver—tous les deux—tous les deux ;
Oui, nous voulons sauver ta vie,
Nous obtiendrons ta liberté ;
En écrasant la tyrannie,
Nous servirons l'humanité.

(*Tous sortent, excepté Arnill.*)

SCÈNE XXI.

ARNILL *seul.*

Le ciel m'a récompensé de n'avoir pas accepté les offres du maçon ; j'aurais perdu ce bon geolier, et je n'aurais pas embrassé ma mère !.... au lieu que si elle peut obtenir ma liberté, réuni à elle pour toujours, fuyant ces lieux détestés...

SCENE XXII.

(*Le porte-clef apporte le dîner avec deux garçons qui avancent la table.*)

ARNILL, LE PORTE-CLEF et WORTHY après.

LE PORTE-CLEF.

Voilà votre dîner.

ARNILL.

Il m'est inutile..... l'inquiétude, l'espoir.... (*à Worthy.*) vous revenez ?....

WORTHY *rentrant.*

Votre mère l'a exigé.....

ARNILL.

Je la reconnais bien ; elle a senti que le plaisir de m'entretenir avec vous pouvait seul me consoler de son absence... vous dînerez avec moi.

WORTHY.

Je ne puis.

ARNILL.

Il faut prendre des forces, mon ami ; on ne sait ce qui peut arriver.... du café seulement ; nous en prendrons ensemble : je sens qu'il me fera du bien.

COMÉDIE.

WORTHY, *soupirant.*

Soit.

ARNILL *au porte-clef.*

Deux tasses de café.... — l'heure fatale approche; nous touchons au moment terrible qui va décider.....

WORTHY.

Je le sais..... qu'il me tarde de sortir de l'incertitude où je suis !

SCENE XXIII.

LES PRÉCÉDENS, PIERRE.

PIERRE, *ému, accourt.*

Le commandant prévenu de l'arrivée de votre mère, avait défendu qu'on la laissât pénétrer jusqu'a lui. On l'a même menacée de sa part, de l'arrêter si elle ne repartait à l'instant. Le peuple qui déja murmurait du jugement barbare qui vous condamne, a été révolté de ce nouvel acte de tyrannie. Animé par les cris d'une mère au désespoir, la foule augmente, s'irrite, et paraît prête à se porter aux dernières extrémités. (*Il verse le café.*) Il y a la sur-tout un maçon, un diable d'homme plein de courage, qui va, vient, court, parle, électrise tous ceux qui l'écoutent.... tout va bien.... il ne faut que gagner du temps.... du temps, et je réponds.....

(*Deux heures sonnent, et le tambour bat un rappel, la cafetière tombe des mains de Pierre, il cache son visage dans ses mains, et dit :*)

Il est perdu !

WORTHY *se levant effrayé.*

ARNILL (*calme sans avoir changé de visage, continue de prendre sa tasse de café, et la pose tranquillement sur la table, il les regarde et se lève.*)

Eh bien, Pierre ! eh bien, Worthy !... mes amis, du courage ! du courage donc !... nous devions nous y attendre....

si j'étais coupable, je serais inquiet, tourmenté !... je ne suis que malheureux, je me résigne et je suis prêt a tout.

PIERRE, *ému.*

Brave jeune homme.

ARNILL *lui prenant la main.*

Et jusqu'à la fin.

PIERRE.

J'en suis sûr.

ARNILL.

Mais ma mère !.... Quel sera son désespoir quand elle apprendra que c'est trop tard. Ah ! *(Il soupire et reprend son caractère.)* Profitons des instans qui me restent.... j'ai quelques dispositions a faire.,.... quelques marques d'amitié a donner. *(Il va chercher une chaise très-vite et s'asseoit.)* Pierre, coupe vite cette boucle de cheveux. *(Pierre hésite.)* C'est pour ma mère. *(Il coupe et remet les cheveux à Worthy.)* Accepte cette bague.... je l'ai portée long-temps ; voilà tout son mérite. *(Pierre baise la bague.)* Et vous, mon cher Worthy, gardez cette montre, pour vous souvenir qu'a deux heures....

WORTHY.

Cruel !

ARNILL, *(vivement, avec tendresse.)*

Qu'à deux heures, je pensais encore à ma mère et à mon ami.

WORTHY.

On vient ! Dieux !

SCENE XXIV.

LES PRÉCÉDENS, un OFFICIER *suivi de quatre fusilliers.*

ARNILL *à Worthy.*

Donnez-moi votre bénédiction ; celle d'un père à son fils....

COMEDIE.

WORTHY.

Tu n'as jamais voulu offenser l'Être suprême.

ARNILL.

Si je l'ai offensé, c'est malgré moi ; je le jure à son plus digne ministre.

WORTHY.

Mon Dieu, pardonne-lui.

ARNILL *montrant l'Officier et les soldats.*

Mon Dieu ! pardonne-leur.

SCÈNE XXV.

LES PRÉCÉDENS, LE PORTE-CLEF.

LE PORTE-CLEF.

Monsieur Pierre, il y a du danger pour nous, un peuple furieux se porte en foule vers la prison, et veut mettre en liberté le prisonnier.... Ils sont à la porte du fort ; entendez-vous ce tumulte ; ces cris.

(On entend crier : VIVE ARNILL, ARNILL en LIBERTÉ.*)*

WORTHY, *dans un mouvement de joie.*

Dieu juste !

LE PORTE-CLEF.

Mais les soldats excités par le Commandant, menacent de tirer sur ceux qui veulent forcer la porte.

ARNILL.

Tirer sur ces braves gens qui veulent me délivrer. Mes amis, sauvez-moi ce regret qui empoisonnerait mes derniers instans. N'y aurait-il pas une autre issue pour se rendre à la place d'armes ?

LE PORTE-CLEF.

Ah ! non, il n'y a que cette fenêtre, qui donne sur une maison isolée.

ARNILL.

Et par laquelle je pourrais parvenir au lieu de mon jugement.

LE PORTE-CLEF.

Sans doute... Mais avant que cette grille fût enlevée, il faudrait un tems......

ARNILL *s'élançant et ouvrant la grille.*

Il ne faut que me suivre; voyez.

WORTHY.

Ciel! il pouvait....

PIERRE.

Eh ! morbleu! pourquoi ne vous êtes vous pas sauvé tantôt ?

ARNILL.

Souviens-toi de ta réponse.

PIERRE, *tombant sur la chaise.*

Ah !... que je suis fâché de l'avoir faite!

ARNILL.

Le temps presse, partons.

(*Très-grand bruit au-dehors ; les portes s'ouvrent avec fracas; les soldats se retournent et sont désarmés par le peuple, on crie,* ARNILL, ARNILL.)

SCENE XXVI et dernière.

LES PRÉCÉDENS et tous les autres personnages.

GEORGES.

Tous tes vœux sont remplis.

NICE.

Ta mère et la liberté.

Mad. ARNILL *entre avec plusieurs femmes.*

Mon fils, le voici.... L'Amérique est libre..... Mon fils est sauvé. (*Elle embrasse son fils.*)

COMÉDIE.

LE MAÇON *descendant par la fenêtre, une hache à la main, et suivi de quelques compagnons armés de même.*

Je vous l'ai bien dit; nous y v'la par le plus court.

ARNILL, *avec joie.*

Ah! c'est le maçon, mon libérateur.

LE MAÇON.

Eh! oui, c'est moi.... c'est ce que vous avez pu croire que je vous avions oublié?

ARNILL.

Oh! non, j'ai su.... mais je n'espérais plus, et je mourais avec le regret de n'avoir pu t'embrasser.

(*Le peuple entre avec des armes, des haches.*)

LE MAÇON.

A votre aise, à présent.

ARNILL, *l'embrassant.*

Et ce ne sera pas la dernière fois.... Ma mère, embrasse-le aussi, je t'en prie.... C'est un de mes meilleurs amis.... Mais notre bonheur est-il bien certain?

Mad. ARNILL.

N'en doute pas, le commandant a payé de sa tête, sa coupable audace.... le calme est rétabli.... partons.... Pierre, venez vivre avec nous; ne quittez plus votre jeune ami.

PIERRE, *vivement.*

Oui, j'irai.... (*par réflexion.*) Mais vous avez votre enfant, vous, et je ne peux abandonner les miens; il reste encore ici des prisonniers.

LE MAÇON.

D'honnêtes gens, puisque tu t'y intéresses; (*à ses gens.*) Courez les délivrer (*ils sortent.... à Pierre, bas.*) Tu ne me connais pas; mais c'est moi qui, à la faveur du toit, venais causer....

PIERRE.

Paix! je ne veux rien savoir; ne peut-on pas mettre ici un autre infortuné?

LE MAÇON.

Avec de bonnes lois, on n'y mettra plus que des coupables.

GEORGES *à Arnill.*

Monsieur Arnill, vous tiendrez votre parole?

NICE *modestement.*

Si Pierre permet.....

ARNILL.

Votre mariage, n'est-ce pas? je m'en charge, et c'est un bonheur de plus que le ciel daigne m'accorder aujourd'hui.

LE CHŒUR ET ARNILL,

A Mad. Arnill.

Puisse la gloire de ton fils,
De ton courage être la récompense;
Ce jour console l'innocence,
Les méchans vont être punis.

Mad. ARNILL.

Puisse la gloire de mon fils,
De mes tourmens, être la récompense;
Ce jour, etc.

FIN.

www.ingramcontent.com/pod-product-compliance
Lightning Source LLC
Chambersburg PA
CBHW060458050426
42451CB00009B/714